껍데기의 후일담

066
다시올시선

껍데기의 후일담

이운상 시집

2025 ⓒ 이운상

다시올

시인의 말

나를 바꾸지 않고는
달라질 수 없듯, 나의 삶도 별반
달라질 것 같지 않았지만
자연과 노래는 나의 삶에서
매순간 소용돌이쳤다

쉽게 내디뎠던 길은
가까워지기도 참으로 멀고
생소하게 느껴지기도 했다
이제 내 고향 함평에서
詩를 쓰며 각시와
노래하는 마음으로
늙어가야겠다

2025년 가을

이운상 『돌머리 해수욕장』

■ 차례 ■

■ 시인의 말 _ 5

1부
음표가 있는 낙화

당신 없는 세상 _ 12
감자 한 알 _ 13
법성포에서 _ 14
개구리울음 _ 15
음표가 있는 낙화 _ 16
아득하다 _ 17
빚 갚으러 온 소 _ 18
말투 _ 20
개의 변천사 _ 22
시원(始原)의 뜰 _ 23
고려장 _ 24
껍데기의 후일담 _ 25
상상력의 한계 _ 26
군유산 차밭 _ 27
그대에게 _ 28
나로도 어시장 _ 29
대나무 _ 30
달리기 _ 31
본가(本家) _ 32
동창회 _ 34
떠나온 고향 _ 36

2부

따스한 봄, 나비

돌머리 해수욕장 _ 38
돌 머리 _ 39
떡장수 _ 40
따스한 봄, 나비 _ 41
뚱딴지 _ 42
뜨거운 외침 _ 43
마음은 안다 _ 44
마중물의 실체 _ 45
만물장수 _ 46
현대 이발관 _ 47
풍물놀이 _ 48
맷돌 _ 49
영광 시장국밥 _ 50
메콩강 _ 51
무릎치기 _ 52
모내기 · 1 _ 53
모내기 · 2 _ 54
어떤 사람일까 _ 56
발봉산 담골 제비 _ 57
백비 _ 58
백연 꽃 리엔 _ 60

3부
아내의 잔소리

백일홍 _ 62
주님은 주님이다 _ 63
벌침 _ 64
볏논의 신사 뜸부기 _ 65
봉황을 보았다 _ 66
보리밥 _ 68
아내의 잔소리 _ 69
종각 백수해안도로 _ 70
주포 앞바다 _ 71
유감(有感) _ 72
생존연습(生存練習) _ 73
절구통 _ 74
봄, 제비 _ 75
불갑사 가는 길 _ 76
불갑사 _ 77
불갑산 호랑이 _ 78
뼈대 있는 집 _ 79
사랑의 매 _ 80
된장찌개 _ 81
말투 _ 82
섬진강 조개 _ 84
쥐불놀이 _ 85
임자 없는 집 _ 86

4부
황금을 만드는 사람들

은행나무 _ 88
산소 _ 89
서울살이 _ 90
설 _ 91
탁상정치 _ 92
폐타이어 _ 93
황금을 만드는 사람들 _ 94
거짓말 _ 95
어린 가장 _ 96
팔열부(八烈婦) _ 97
홍어 _ 98
향하도 _ 99
용천사 _ 100
알미논 _ 101
짝사랑 _ 102
아기 _ 103
동인들 _ 104
쓰레기통 _ 105
오죽 _ 106

작품해설

|이가을|시인
윤회의 맛, 여성성을 동반한 정서적 울림 _ 108

1부

음표가 있는 낙화

당신 없는 세상

젊은 날 객지에서 살다
내 고향 함평 집에 가면
초상권도 무시한 채 맨발로
달려 나와

온몸 더듬으시며
무량해하시던 어머니

다가오는 명절
슬그머니 엄마의 젖을 만지며
잠이 들던 사내는
입이 있어도 말하지 않고
앞산 꿩 사는 동네로
엄니 찾아갑니다.

감자 한 알

산비탈 하얗게 물들여놓은
연보랏빛은 아찔하다

흙속에 토실한 것이
살그머니 만져지는 것이
꼭 내 각시 같은 것이
서러워할 일이 아닌 것이
꽃피고 지는 봄이다

누군가는 못난이를
감자 같다고 말하기도하지만
분칠 안 해도 정분나는 첫사랑의
하얀 얼굴처럼 부드러운 속살

사정없이 으깨 깨물고 싶은
고것이 탱글탱글 잘 여물어
내 눈에 들어와 있는 것처럼

푸근푸근하다 못해
보슬보슬한 윤회의 맛
식탁 위에 올린다

법성포에서

새벽에 나갔던 배가
쇠말뚝에 묶여 있다

그물을 깁고 있는
어부의 얼굴 수심이 깊다

굴비가 걸린 어전마다
파리만 문전성시

추석 명절 앞에
뚝, 끊어진 발길

방사능 유출보다
매스컴이 더 무섭구먼!
그들이 술잔을 주고받는 동안
일찌감치 태양을 삼켜버린
칠산 바다

술에 취해 벌겋다

개구리울음

여름비에 불어난 논둑 발목이 찰방찰방한 데 빗물에 쓸려 간 어미의 당부가 목에 걸렸는지 눈물 없이 개골개골 거리며 심금을 쥐어짜는 저 개구리

종일 잠만 자다 해가 질 녘 일어나 내 앞에 버티고 있는 맹 꽁이, 별명이 맹꽁이라 부르던 옛날의 그런 친구도 있었는데 울퉁불퉁 얼룩덜룩 앉아 있는 것만으로도 공포인 비단개구 리, 옆에 아까 그 청개구리가 맹꽁이를 바라보며 뒤늦게 어미 의 유언을 기억하고 우는 저 개구리 보고 나도 보고 잡은 엄 니가 있어 울컥울컥 눈물 나는 것이…

누구는 운다고 하고 누구는 노래한다고 하는데
내 마음 나도 잘 모르는데 개구리 속을 어찌 알겠는가
살아계실 때 잘해야 한다는 말을 일찌감치 깨달았다면
개구리 속울음 같은 건 내 알바 아닐 텐데…

음표가 있는 낙화
-가을 속으로

    주저앉고 싶은 신작로에 빨강 노랑 연보라의 흰 꽃이 마음 흔들리게 반가워 뒤돌아보니 십 리 밖에서도 꽃의 기척을 알고 부산스런 벌이 날아들고, 가끔 아름답다는 이유로 검은 나비와 잠자리가 시도 때도 없이 날아들어 순백의 손길이라며 여기저기 매만지는 손버릇에 가을은 나무만 떨구는 게 아니라서 그만 명줄 놓아버리는 것이…

    물든 단풍 쉬쉬하며 꽃 소문 내지 말라며 지상에 없는 붉은 언어로 그리 당부했는데, 걸어가는 내 발목에 꽃이 흘깃거리며 내려앉는데, 꽃 소문내지 말라는 이유를 이제야 알 것 같기도 해서, 바람이 불지 않아도 꽃잎이 떨어지는 이것을 슬프다고 말할 수 있는 풍경은 아니라서 그만 아득해지는 발걸음 가을 속으로 걸어 들어가는 것이…

아득하다

이슬에 내려앉은 풀벌레
낭창낭창한 세상은 없을 거라며
바람 따라 흔들리며 아무도 모르는
심금을 걸어놓는다

새도 아닌 것이
비수의 날개를 파닥이자
원래부터 고질병이라는 울음이
귓전을 맴돌아 시끄럽다

불빛을 겁탈한 나방
죽을 듯 살듯 발버둥 치다
살만큼 살았다고
소생의 협상도 없이
생을 마감하려 활공하는
하루살이의 일생

빚 갚으러 온 소

재산이던 소 한 마리 시절

푹신한 검불에 누워
새김질하던 우리 집 살림꾼
쟁기질과 모래 달구지로 퇴비내고
논 갈고 모 심는다

누렁이가 없으면 아무것도 못 혀
고생하제 암 고생하고말고
말 못한 짐승이 말로 표현 못 한 게
일을 더 잘한 당기로

솥을 걸어 군불 지피고
소죽을 써 먹이고 꼴을 먹이며
공손하게 조상을 섬기듯 외양간 앞에
쑥으로 제단을 쌓아 모깃불도 놓았제

마당에 연기 자욱했던 그때가
눈물나던 호시절이었당께

지금은 독방 축사라는 감옥에서
수입 사료와 풀을 먹이고

"원뿔 투 뿔" 급수 먹여 판다는디

전생에 빚지고 경매당하는
고독한 표류자 황소

그의 일생이 참말로 고달프당게

말투

왜요?
그런데요?
그래서요?
툭툭 던지는 말버릇이 있다

달리듯 거침없이 달려 나가는
내 말은, 폭력적이거나 공격적이므로
방어자세로 긴장해야 한다

시는 운율을 타야 시답고
춤은 리듬을 타야 춤답고
노래는 가락을 타야 노래답다
아니 그런가요?

같은 말도
고저장단과 길들이기에 따라
사나워지기도 순해지기도 한다

아하! 그렇군요?
아! 그러세요?

논리적으로 말 잘하는 사람보다
순하게 말 하는 사람이 좋다
말하는 법이 한참 서투른 내가
말을 아끼는 이유다

개의 변천사

식탁을 오르내리던 시대에 따라 개의 역사도 유구하다

집 지키며 주인 잘 따르던 삽살개,,복날 몸보신으로 잡아먹히던 개들이 이제는 법으로조차 보호를 받아 개 팔자상팔자가 되어 고급영양제와 간식은 기본, 보험에 동물병원도 생겨 조기 검진 받고 월세 걱정 없는 집에서 어지간한 사람보다 나은 의식주에 입히고 태우고 산책시키고 독립된 넓은 공간도 부족해 안방마님의 사랑까지 독차지 하니 이사 가는 날 남편은 아내의 강아지만 끌어안고 있으면 버리고 가지 않을거라 생각했을까 오죽했으면…

나 없으면 어찌 살까 궁리하며 후견인 세워 유산도 물려주고 격에 맞게 장례도 치러준다 AI가 인간을 뛰어넘듯 머지않은 날 개가 껌 질겅질겅 씹으며 빛나는 털 휘날리며 목줄 풀어 자유를 달라 농성하는 때 오지 않을까
한방에 갈지도 모르면서…

시원(始原)의 뜰

하루위로 시간이 눕는다

지금을 잉태하는 발원지(發源地)
시원(始原)의 뜰은 평온하신가

사방(四方) 사우(四隅), 상하(上下)를
막지나가는 시방(時方)의 뜰도
이런 마음이었을까?

역류하고 싶었던 초록은
지상에 없는 것처럼 가버렸지만
한 순간도 정지하는 법 없이
물끄러미 스쳐 지나가는
지금(只今)의 뜰은 어떠하신가?

시방(時方), 지금(只今)
저물어가는 시원(始原)의 뜰은
여전히 안녕하신가?

고려장

아들딸 키워 시집·장가보내놓고
감히, 효도하라고는 말 못 하네
효심이 사라진지 오래라지만
부모를 공경 하지도 않은 것들이 잔소리는
왜 그렇게 늘어놓는지
누가 어른이고 누가 앤지 구분이 안서네
손주가 고사리 손을 내밀며
요구하는 건 무에 그리 많은지
큰 집으로 가고 싶은 지들 맴은 지들 맴이고
부모 맴도 지들 맴인줄 아는지
밀당하며 눈치 게임하는 자식에게
감히 모시라 애원할 수는 없었네
가끔 울리는 전화는 기다렸다는 듯
반갑기도 하지만, 두려울 때가 많았네
곰살스러운 말은 바라지도 않았지만
며느리 눈치가 서리발보다 매섭기에
감히, 요구할 수도 없었네
원하지 않는 것을 얻음으로
눈탱이, 밤송이 되는 게 두려워
차라리 뭉크의 마지막 절규 속으로
들어가야겠네!

껍데기의 후일담

열 달을 먹고 자고
공으로 세상에 나왔다

단지 태아라는 이름만으로
열 달을 버텨낸 저력으로
등짝에 달라붙은 매미처럼
고마운 줄도 모르고
나 잘났네 하고 살았다

낯선 꿈꾸며 객지를 떠돌다
백발 되어 고향집에 돌아오니
잊고 있던 뒤뜰 감나무에
아직도 매미가 울고 있다

당신만큼은 아니더라도
말 못할 그리움 아직 남아서
나도 당신만큼 아프다

상상력의 한계

옷을 벗으면
남자가 보기 좋을까
여자가 보기 좋을까

인간이 진화하고 있다지만
목욕을 하지 않으면
죄 값을 치러야하느니

머리 수염 털을 자르지 않으면
손톱 발톱을 깎지 않으면
이상한 동물이 될 것이다

이 세상 저 세상
털과 깃털로 치장한 동물은
암컷이 잘 생겼을까
수컷이 잘 생겼을까

옷을 입고 신발을 신고
명품을 휘두르고 치장해도
껍질을 벗기면 한사코
그 사람이 그 사람

군유산 차밭

군유산 비자나무사이로
운무와 함께 펼쳐진 천년 차 잎
이슬에 생명이 굴러가듯
파릇파릇이 유난하다

새들이 가지에서 재잘하고
옹달샘 흐르는 조릿대 사이로
만물이 살아나는 오호라 봄!
속세에 피신하듯 뿌리내리는
천수적막(千手寂寞) 앞에 왜 자꾸
은유가 머뭇거리는지
천지간의 적막이 사라져도
순이 올라오는 파릇한 자태
한때는 출렁, 나도 한때
그런 날 있었지

"군유산 차를 다 마시고 나야
하동차를 구입해 마신다"
군유산 차밭이 존재하는 이유다

그대에게

고마워요 사랑합니다

이리 쉬운 말을
왜 하지 못했을까요?
지나고 나면
별일도 아닌 것을

미안해요 죄송해요

사과하면 될 일을
고집만 부렸을까요?
사랑해, 당신을 사랑해
사랑, 사랑 내 사랑

이리저리 보아도 내 사랑

춘향가에도 나오는
그리 쉬운 말 사랑해
당신을 사랑합니다

나로도 어시장

갈매기 날아드는 선착장
사나운 물결에 배가 묶여 있지만
어시장에는 방금 잡아온 생선
꼬리에 꼬리로 피의 유서를 쓴다
진상을 기다리는 심정으로…

갈치는 은빛으로 빛나고
고등어는 여전히 푸른빛이며
장어는 매끈한 에스라인
울퉁불퉁 팔뚝 집게
둥글둥글 눈이 적은 병어
갓 건져 올린 도다리
활어의 꿈을 그리겠지만

만만한 게 홍어 좆이라고
가오리 간재미, 참치와 삼치
아귀와 삼식이 사촌이 바글대는
나로도 어시장에는 망둥이도
활어의 꿈으로 튀는가하면
갑옷 두르고 일격을 기다리는
전복소라도 있다

대나무

사시사철 푸르다는 이유로
세찬 비바람 누구보다 먼저 맞고
참새 한 마리 무게에도 낭창낭창
아지랑이 일렁이는 햇살에조차
허리가 휠 수밖에 없는 나를

누구는 꺾이지 않는다고
부러지는 법을 모르는 절개를 지녔다며
올 곧은 선비와 같다 하지만

숲에 들어가 우뚝 서봐라
작은 기척에 놀라기도 하고
제 몸 부딪힌 이파리가 부스럭거리면
곁의 있던 새도 날아가 버리는
이 파죽지세의 공포를 그대는 아는가?

하늘 우러르고 있어도
굶주린 매란 놈이 바람을 가르며
하늘을 빙빙 돌기라도 하면
허리가 휠 수밖에 없다
부끄러운 나를, 보았는가?

달리기

달리기 잘하는 찬우
할머니와 버스 타고
치과 가는 날

할머니
저기 좀 봐봐

산이 막 달려와요
들판이 막 달려와요
저기 저, 집이

나보다 더 빨리
달려와요

본가(本家)

아버지의 아버지
요새같이 지은 90년 된 한옥
시누대가 병풍으로 둘러쳐진
이 집은 대문이 없다

한 때, 잠시 비워두기도 했으나
세상에 실패하고 돌아온 나를
이 집이 받아주었다

어느 해 태풍에
한 쪽이 무너진 툇마루에서
신문을 읽자니 캄캄한 기왓장과
서까래 몇 개 기울어졌어도
관리하면 백 년은 살 수 있을 거라고
주춧돌이 대들보를 받들고 있는
이 집은 흙으로 지은 집

농사에도 절기가 있는데
우리가족을 받아준 집 한 채가
게으름과 무관심으로 소리 없이
무너질 수도 있겠구나

흙으로 돌아가기 전에
서둘러 고쳐야겠다
집이 나를 버리기 전에

동창회

꼬물꼬물 입이 조잘대는 추억 속으로 초등학생이 달린다

아무것도 모르는 생의 안쪽으로 터벅터벅 걸어가던 순수의 시절을 그리워하며 내 것 네 것 가르지 않던 꿈 많은 고교시절 주먹구구식의 의리에 살고 의리에 죽는 혈기왕성하던 그런 때가 있었지만 수도권과 지방대로 갈리는 사회의 모순을 그때는 꿈에도 몰랐지

대학동창회는 동문으로 서열정리 하는 자리
호화찬란한 호텔에서 성공한 사람은 목에 힘주고
평범한 회사원은 구석에 찌그러져 말도 못하고
농부는 앉아서 흥건하게 번지는 유흥의 어둠을
남몰래 쓰윽 닦아내며 술을 마신다

1·2등 꼴등, 생의 아랫목에서나 잠시 하던 말
의원 장관 병원장 사장 회장이 된 이들이 쏟아내는
낯선 이국의 신화를 아무렇지 않게 듣고는 왔지만
정말 아무것도 아닌 것처럼 차가웠다

직업도 가지가지
의원 장관 검사 의사 변호사 사장 회장
누가 뭐래도 장, 장, 돈 많이 번다는 장땡이
최고 중 최고라는데, 나도 장이다
그것도 우리 집 가장

떠나온 고향

 첩첩 산중의 담골마을, 그 많던 사람이 도시로 떠나고 빈 집에 떨어진 문짝만 삐꺽거리는 고요한 마당에는 잡초와 칡덩굴이 제 그림자를 주인처럼 누이고 지붕을 덮어 산이 되어가는…

 텅 빈 대문 앞 개집에는 새들이 가끔 내려앉기도 하지만, 날아와 떨어진 먹이에 발목 잡혀 쥐의 놀이터가 되어가고 있는…

 한때, 손맛으로 전설을 빚어내던 아낙 없는 장독대는 집도 절도 없이 자취를 감춘 흔적으로 세월이 얼룩져가는…

 조상 대대로 내려온 감나무에는 새들이 주인이 되어 혼잣말 푸드덕대는, 어쩌다가 허망(虛妄)하게 아무것도 아닌 게 되어가는…

 옛날이 사라지거나 발자취가 되어가는…

2부

따스한 봄, 나비

돌머리 해수욕장

더위에 나가앉은 모래위로
반짝 반짝 둘러앉은 물결이
철썩철썩 밀려갔다 끌려온다

저 멀리 나는 갈매기 떼
무리 지어 움직이는 숭어 떼
높이뛰기하며 한가로운데
유난히 검게 탄 고기잡이 어부
만선을 기대했던 그물을 걷어 올리고
가뿐가뿐 뭍으로 돌아오고 있다

쭉 늘어선 돌머리 주막에는
나랏님도 제맘대로 올렸다 내렸다
주님을 모시는 한 무리 사이로
하루가 저물어 간다

돌 머리

 석성리 해변 풍파에 깎인 바위는 흉터를 지우느라 온통 바람이 들었을 것이다 숲속 찻집의 향기는 몇몇 소문으로 더 구수하고 피서객이 더위를 피해 다녀가는 아담한 정원의 서해 바다는 틈새마다 소나무가 괴이하게 온통 푸른 숲으로 덮혀 있어 파도가 달려왔다 달려 나가는 밀당의 기술을 숨기기 위해 자주 숨이 가빴을 것이다

 아무도 넘어가는 해를 탓하지 않는 붉은 노을은 낮도 아니고 밤도 아닌데 아슬아슬하게 흔들리기 쉬운 풍경을 어제보다 더 붉게 불사르며 제 멋 가득했던 파도처럼 반사되어오는 붉은 흔적을 오늘이 이승의 마지막인양 숨 숙이며 돌 머리에 새기고 있다

떡장수

단칸방에서 뜬눈으로 밤을 보낼 때
골목에서 힘겹게 외쳐대던 떡장수
그의 어깨에 한생이 건너가는 깊은 밤

찹싸알~떠억 ~ 메밀 무~욱 ~
찹싸알~떠억 ~ 메밀 무~욱 ~
들렸다 사라지는 사려~어~~엇

창문너머 고단한 발자국 찍으며
적막이 옮겨가는 목마름을 들었다면

메밀 무~욱 ~ 찹싸알~떠억
메밀 무~욱 ~ 찹싸알~떠억
노래여 탄식이여 사려~어~~엇

옆구리에 매달려 한창 입맛 당기던
사먹을 수밖에 없었던 그 시절과 사이에
골목에서 들러오던 생의 절박한 소리
추억으로 사뿐사뿐 걸어 들어와
꿈같이 들려오다 사라지는 울림이여

메밀 무~욱 찹싸알~떠억
사려~어~~엇

따스한 봄, 나비

함평 천지에
온갖 나비 모여드는 축제가 열렸다

호랑나비는 저 높이 덩실 덩실 더덩실
장다리 꽃밭 하얀 나비 꽃잎 물고 팔랑팔랑
유채꽃 물결에 노랑나비 둥실 둥실 두둥실

천지로 피어 있는 꽃밭에 밥이 꽃이라는
꿀을 얻으려 온갖 나비가 경주를 한다
살금살금 다가서면 우물쭈물 멀어지고
물러서면 산수유 피었다고 날아드는 나비들
가히 나비축제라고 이야기해도 좋으리

저 하늘을 자유롭게 날기 까지
인내와 고통을 이겨내어 흥건하게 번지는
마침내 우주의 신비를 마음껏 누리는 나비
아지랑이 모락모락 피어나는 꽃내음 사이를
흥건하게 번지는 꽃향기 사이를
나잡아 봐라 콧방귀 뀌며 날아다니는
나~ 비~ 축~ 제~

뚱딴지

배고픈 시절 밭 언덕에서
곡괭이로 파먹던 간식거리

감자 고구마처럼 닮아있고
울퉁불퉁 생겨 대감이라 불렸다

흙을 대충 옷소매에 닦아
아삭아삭 씹어서 먹었지만
돼지들이 좋아하는 감자

해바라기처럼 활짝 핀 꽃을 보니
부모님 생각에 가슴이 저려온다

한 때는 당뇨에 좋다고
전 국토가 돼지감자에 몸살 앓던
뚱딴지같은 일도 있었다

뜨거운 외침

이른 봄, 무등산 자락
광주 시민과 학생들
민주주의를 외치는 함성
메아리가 되어 들려왔다

사람답게 살겠다고
인간답게 살아 보겠다는 외침이
무등골에 울려 퍼졌다

자유를 억압받은 국민
'군부독재타도' 머리띠에 새기고
민주주의를 외치며 거리로 나섰다
용광로처럼 폭발한 것이다

낙동강 오리알이 된 군부독제는
물러가라, 물러가라 외치는 물결
꺾이지 않는 대나무의 기개처럼
도청 앞 분수대의 물줄기도
하늘 높이 솟구쳐 울었다

마음은 안다

새가 우는 건지

노래를 하는 것인지

풀벌레가 우는 건지

노래를 하는 것인지

늘 궁금하긴 하지만

우는 그 마음만은

나도 알 것 같다

마중물의 실체

별보고 나가 어스름 깔리면
소 앞세우고 돌아오는 아버지

소먹이를 주는 어깨가
축축 늘어져 땅에 얼룩져 있고
배는 허리에 붙어 활처럼 휘어져도
논밭의 소 몰며 발설하지 않고
삼보일배(三步一拜)하셨네

쟁기질에 손발이 거북등이 되어도
목전에 별이 사라져 캄캄해도
등에 짊어진 가족들 평생
내려놓지 않으셨네

아버지가 어미 소 쓰다듬으면
믿음이 깃든 눈을 깜박거리며
새끼를 부르던 음~매~에 꼬리를
내두르던 그런 나날만 덧없이
드문드문 흘러가네

만물장수

화물에 물건을 싣고
전국 마을을 돌며 물건을
파는 사람들이 있다

울퉁불퉁 산길을 지나
한 집 건너 물건을 기다리는
또 한집 어디든지 달려간다

옷 신발 술 음료수 국수 식용유
라면 무 배추 상치 마늘 양파를
앞세우고 왔어요 왔어
만물 장수가 왔어요

바다에서 금방 가져온 싱싱한
갈치 고등어 명태 동태 황새기
생선이 왔어요
껌뻑 껌뻑 눈이 싱싱한
생선장수 왔어요

동네 떠들썩하게 방송하며
골짜기 골짜기를 누비고 있어요

현대 이발관

삼대를 이어온 그 이발관은
내 단골집이다

거울 속 저 영감은 누구요

형님, 염색 좀 해야 쓰것소
이 정도는 염색 안해도 되아

머리 깎아서 밥은 먹고 사요
요즘 문 열어 봤자
하루에 한두 사람이여

그 시절 손님이 줄을 섰지
이 골목 좀 한번 보소
갓난애 울음소리 그치고 나서
사람구경하기 힘드네

풍물놀이

시골에 겨울이 오면
마을 이장이 보관하던 징이 울린다
남녀노소 양지 바른 공터에 나와
무명옷에 고깔 쓰고
오색 천 두르고 나팔을 분다
포수는 산적으로 변장하고
총 휘두르며 골목을 누빈다
주인장 문 열어 안 열면 갈라요
당산제 선돌제 꾹꾹 밟으며
바쁜 척 골목을 벗어나면
부엌제 얼씨구 우물제 절씨구
우리 마을 무탈하게 해 달라
떡 나물에 돼지잡고 닭 잡고
윗마을 아랫마을 줄다리기로
우리 편은 이겨라
남의 편은 물러가라
동네가 떠들썩하던 시절

아! 옛날이여

맷돌

아비보다 더 당당하게
침묵으로 초지일관 버티던 어르신
무엇이든 공손하게 공양하며
두말없이 받아 넘긴다

할미가
옹이진 가슴팍을 만지기라도 하면
심술을 부리는지 강냉이가 갈리고
콩이 부서져 그야말로 콩가루가 된다

어미가
가루가 된 분말로 무엇이던
뚝딱 만들어내면 흐뭇해 하셨는데
정말 그랬는데

6·25 전쟁 때
죽음도 피해가던 어르신인데
오간데 없이 행방불명 되셨다
어처구니없이 사라지셨다

영광 시장국밥

조구새끼 가득한 영광에 가면
비릿한 시장이 울컥울컥 시장다워서
쪼그려 앉은 가게가 즐비하고
닭오리 파는 할머니
생선 장사 채소 장사
떡집에는 김이 모락모락
미장원은 가위가 춤추고
빵집은 구수한 냄새가 스며들고
젓갈 집에서는 바다가 철썩이고
금은방 옷 가게 꽃가게 천 원마트
살코기를 도륙하는 정육점
사장님의 칼 놀림은 예술이고
돈 들고 청계천 나가면
미국 대통령도 만들어준다는데
영광시장은 사람 빼고 다 판다
지친 나를 가만가만 데리고
대창 막창 순댓집에 들러
국밥에 탁주 한잔 들이켜면
북적댔던 어둠이 어둠답지 않아서
흥건히 차오르는 아쉬움이 남는다

메콩강

산을 가린 거대한 물결
들판을 가로질러 잔잔히 흐르며
황토 물결이 바다처럼 펼쳐져
강인지 바다인지 묻지 않았다

갈대가 우거진 강가
집들은 떠다니는 배처럼
초가와 판자로 위태롭게 흔들리고

골목마다 포장마차가 즐비해
음식이 코에 걸려 진동하고
세 발 툭툭이 택시는 교통수단
오토바이가 차 사이를 개미 떼처럼
금방 왔다 금방 지나가는

일천칠백육십삼만 인구를 품은
거대한 메콩강
어머니 젖을 내어주듯
킬링필드 아픈 역사를 품고
유유히 흘러가고 있다

무릎치기

정월 대보름 읍내 장터에서
벼슬 붉은 장 닭 두 마리가
싸움이 벌어졌다

공중에 뛰어올라 목덜미를 물고
발톱으로 날개를 찍자 펄떡펄떡
피 터지는 싸움을 한다

구경꾼이 술 내기를 건다
이겨도 마시고 져도 마시는 취기에
청팀 백팀 판을 나누어 응원한다

깨금발로 뛰며 한쪽 발로 날아 치기
내려찍기 돌려치기 숙여 떠올리기
싸움의 기술도 가지가지

왁자지껄한 읍내
구경꾼과 주인 없는 가게만 늘비하다

모내기·1

　금방왔다금방가버리는봄날, 서당골큰집수렁논모심는날, 아재당숙큰아버지작은아버지동네형님동생푸른모, 분주하게심고있다

　모쟁이 왔냐, 언능 모판 가져다 놓아라
　한 짐 지고오니 온몸에 물이 흥건하고
　푹푹 빠지는 논에 엉거주춤 내려놓고
　한 타래 던지자 여기저기 물꽃이 피고
　퐁당퐁당 모 타래가 길이 되고 있다

　논둑에는큰엄니작은엄니당숙모가, 막걸리두말소주대병홍어무침오징어갈치돼지고기닭잡고배추김치열무김치무생채정성까지들어간들판에, 잔치상이차려진다

　빨리들 오시오 식기 전에 언릉 오랑게요
　일꾼들은 논물에 대충 펄 물만 싯고
　막걸리를 벌컥벌컥 마시며 탁배기를 돌린다
　아따 뭔 장만을 이리 많이 했대야
　이렇게 장만하면 기둥뿌리 남지 않겠어

　큰엄니는눈에띠는사람마다서울댁광주양반술한잔하라며목이터져라부른다모심기가시작되면줄에맞혀한마음이된다혹여늦으면코달아난다며연신줄을잡아당긴다

모내기·2

참을 건너고
남녀 중간 중간 섞여 모 심을 준비를 한다

줄잡이는 양쪽에서 탱탱하게 당기어 논둑에 박고
모요, 모요, 일꾼은 허리를 구부리고
착착 넘겨받아 모를 심는다

줄이요
허리 아파지며 힘이 부칠 때면
에헤에헤루 상사뒤여
앞산은 멀어지고 뒷산은 가까워 진다
에헤 에헤루 상사 뒤여
저기 가는 저 처녀 앞가슴을 보아라
에헤 에헤루 상사 뒤여
덩굴 없는 수박이 두통이나 열렸네
에헤 에헤루 상사 뒤여

쉬어하세, 쉬어하세
오늘 못 하면 내일 하면 되지
해 너머 가네 해 넘어 가
어스름 깔리면 손발에 육신이
시래기가 되어 버리네

마누라는 도회지로 가자하고
배운 것 없는 놈은 수렁논 두고 어딜 가
징글징글 원수다, 원수로다
차마, 이곳이 원수로다

어떤 사람일까

집에 오면 주고 가는 자식
오기만 하면 달라고만 하는 자식
좋은 일 있을 때 부르고 연락하는 친구
연락만 오면 부탁과 요구만 하는 친구
남편이 출근하면 찜질방이나
고급 카페로 출근하는 아내
집안일 정리하고 알바하며
남편 기다리는 아내
늘 바라기만 하고
만나면 불평만 늘어놓는 사람
주고받은 것 없어도 만나면 반갑고
또 만나고 싶은 사람

남에게 이웃상은
도대체 어떤 사람일까

발봉산 담골 제비

 운무가 걸쳐 있는 발봉산 봉우리, 그 사이를 가르며 날아다니던 제비 길을 열어 대청마루 위로 날아와 번개처럼 자리를 잡았다 암수가 번갈아 가며 짚과 흙, 나뭇가지를 물어와 허가도 없이 집을 짓고, 멋대로 알을 품고 새끼를 낳고, 먹이를 물어다 먹이고, 또 먹였다

 방문 열 때마다 똥이 쌓이고 요행의 한 수 기대하며 아내의 반대에도 냄새나는 제비 가족과 한 지붕아래 요래조래 살아간다 어미는 가까운 곳에서 먹이로 새끼를 유인하고 날개 펄럭이며 날기 연습하며 가르치는 제비의 교육은 같이 살기를 거부한 아내를 향해 원망하듯 기지배배 기지배배

백비

머슴과 눈이 맞은 양반집 아씨는
번번이 매파를 퇴짜 놓았는데
할 수 없어 두 궁합을 보니 찰떡궁합이라 했다
허구헌 날 그 집에서는 떡메 치는 소리가 들렸다
그러다 아씨가 병들어 죽자, 떡메 치는 소리도
따라 멈췄다

장가든 아들 내외와 살게 된 황 영감
생병이 나서 곧 죽게 생겼다
명의를 불러도 고개만 갸웃뚱갸웃뚱
아버님 어디가 많이 불편하신가요?
음, 절구통에 다가설랑은 떡메 치는 소리도 듣고 잡고
거시기 말로는 못혀 참말로 말로는 안된당께

그날 밤 바람벽을 사이에 둔 옆방에서
아들 내외가 절구질하느라 진땀을 쏟았다
어기영차!
보름달 속에서 토끼 두 마리가
방아 찧는 모습을 언뜻 본 것도 같아
이른 아침 헛기침하며 일어난 황 영감
아가? 인자 다 나은 것 같다
나도 떡메를 치고 싶구나!

사방팔방 수소문 끝에 새어머니를 맞아드린
며느리는 절구통 같은 시어머니를 신줏단지 모시듯 하였다
다들 그 집을 물레방앗간 집이라 불렀는데
철커덕철커덕 물레방아는 잘도 돌아가는데
불로초 찾아 산속을 헤매던 며느리가 비명에 갔다
이 고을에 암행어사가 하룻밤 머물러
이 사연을 듣고 상소를 올렸는데

나랏님 왈, 어허 효부로다!
그 무덤에 백비를 세워 세상에 귀감이 되게 하라

백연 꽃 리엔

 비가 내리고 연잎에 물이 차면, 그녀가 눈물을 쏟아내듯 주르륵주르륵 비워냈는데, 펄 속에 핀 하얀 꽃송이를 보고 있으니, 인연으로 맺어준 딸 리엔이 생각난다

 불어난 연못에 청개구리 한 마리, 개골개골하는 것이 그녀가 푸른 잎에 앉아 서러워하는 것 같은 것이, 백옥 같은 인연 꽃바람에라도 떨고 있는 것은 아닌지 걱정된다

3부

아내의 잔소리

백일홍

천민보다 격이 높은 나무가 있다

대감 집 정원과 영감님 화단에 심어
벼슬아치만 보고 즐기는 몸매가 매끈한 홍화

꽃이 피면 누각에 올라앉아
영감 대감 기생첩을 끼고 기름진 안주에
희희낙락 풍악을 울리며 시간을 보낸다

미끈한 나무가 허물을 벗을 때
여인의 나체와 닮아 장가 못 간 노총각
바람난다고 보지 말라 했던 대감네들

지금,
그 꽃이 바람에 날리어
하르르 옷 벗고 있다

주님은 주님이다

담골 마을 그 주막에 가면
술을 좋아하는 동생은

"소주맥주막걸과일주
인삼주산삼주더덕주"

아득해져야 하늘이 열린다며
술상에다 주님을 모신다

교회의 장로인 제수씨는
영생을 꿈꾸며 날마다
천국의 주님을 모신다

주님을 좋아하는 동생은
병속에 주님이 계신다고
번지 없는 주막에서
주님을 무한리필 한다

벌침

추석을 앞에 두고 아내와 벌초하러 갔다
아내는 볼멘소리로 투덜댄다

-우리만 자식이오?

아내는 달걀 봉 증조님 산소부터 위쪽에서 아래로
나는 아래쪽에서 위로 예초기 작업을 했다

-긴가민가

엔진소리 너머로 들리는 사람 살리라는 비명
빨간 대추 벌떼가 아내를 공격하고 있다
언덕 아래로 굴러떨어진 아내를 오리나무 숲으로
피신시킨 뒤 여덟 방의 벌침을 뽑아냈다

오랫동안 신경통으로 고생하던 아내
조상님들 이발 시키다 산 사람 죽게 생겼다며
아내를 업고 산에서 내려왔다
벌침효과를 단단히 봤다

-거봐!
조상님들께서 난티 복을 주었당께라

볏논의 신사 뜸부기

듬성듬성 바위가 박혀있고
풀이 무성한 범산 북쪽 떡갈나무 사이로
내 발걸음에 놀란 새가 푸드덕
푸드덕 날아갔다

그곳에 방금 낳은 알 두 개
어미 품같이 따뜻한 것이 가져갈까
망설이다

바라들에 뜸부기 우는소리 들으며
다시 오기로 하고 집으로 돌아왔는데
그 밤 온통 새알만 생각나는 것이
품속같이 따뜻한 그곳에 두고 온 것이
정말 잘한 것 같아서

경지가 정리되고
늪 듬벙 물꼬가 없어지고
뜸북뜸북 뜸 들이며 우는 울음
어린 시절 들었던 소리는
기억에만 남아 있는 줄 알았는데
아직 그리운 소리가 남아 있다

봉황을 보았다

전설의 새라는 봉황을 보았다

우마산 바라보고 있는 주위가
금빛으로 온통 눈이 부셨다
신묘함에 넋을 놓고 보았다

앉았다가 놀다 춤을 추는 새들
한 자도 넘는 긴 꼬리를 늘어뜨리고
소나무에 앉아 있는

봉황새!

꿈인가? 생신가?
아내를 불러 같이 보았다
한참을 소나무에 앉아 있던 새들이
무리 지어 월명산으로 날아갔다

황금빛, 그 눈부신 아쉬움을 남기고
새가 날아간 자리에
깃털 하나 없었다

그날 그 순간이 가슴에 각인되어
눈을 감으면 지금도 환해서
아직 그 솔숲을 떠나지 못하고 있다

누군가에게 봉황새를 보았다 하면
당신은 믿을 것인가?

생전에 다시 날아들 그날을
나는 기다리고 있다

보리밥

불갑사 가는 길
벚꽃이 활짝 피어 있고
느티나무 아래 밥집이 있다

어렵게 살던 시절
먹기 싫었던 꽁보리밥
끼니때마다 덜그럭덜그럭 거렸다
시도 때도 없이 밥투정하던 철없던 놈이
오래된 꽁보리밥 집에 왔다

콩나물 고사리 생채 무채 가지나물
애호박 고추장 넣어 참기름 둘러치고
싹싹 비벼 사각사각 오돌토돌
한 수저 떠 넣으니

엄마 냄새
그 지겹던 푸닥거리가
울컥, 진동을 한다

아내의 잔소리

아내의 긴말에 나의 대답은 늘 깡똥하다
또 나가가요?
오늘은 일찍 좀 들어오시오

-응 알았네

-어떤 모임에는 이사, 총무
-어떤 모임에는 감사, 회장

-감투를 치렁치렁 걸친 나는
-농번기철 트랙터보다 더 바쁘다

몸 생각해서 술 좀 적게 마시쇼

-음 알것네

고추는 탄저병에 걸리고
벼 잎사구 꼬실라죽는 줄도 모르고
두레배미만 한 군에서 제발
들러리 좀 그만하시오
봉사가 밥을 준다요 떡을 준다요?
-어허 이 사람이

종각 백수해안도로

해안가 멀리 하얀 파도 쓸리듯
종각을 향해 달려오고
벌과 나비가 향기 찾아 분주하고

파도를 가르는 어부의 배 위로
갈매기가 날개를 분주하게 퍼덕이고
해안도로의 범종이 울리면, 멀리
퍼지는 소리처럼 아득하게 흩어져서
하얀 물보라가 될 것이다

빼어난 언덕 바위에는
칠산 바다에 스며든 바람에
찻집의 향기가 스미듯

스미는 것이 詩가 되는 곳이다

주포 앞바다

물 빠진 갯벌에
눈이 큰 짱뚱어 살아있다고
팔딱팔딱

농게 붉은 집게발은
악어와 닮아 둥근 구멍을
들락날락

칠게 설은 게는 먹이 찾아
다다닥 너머 너머 기어
옆으로, 옆으로

겁 많은 낙지는
얕은 펄에 죽은 듯 숨어
꼴딱꼴딱

바닷가 갈대는 쓰윽쓰윽
펄밭 낙지 잡는 어부의
빈 바구니

짝 깔린 고동 모래처럼 널렸다

유감(有感)

죽어야 산다

늦은 밤 환하게 불 밝히고
마지막 길 노역을 아끼지 않으며
망자를 기다리는

'장례식장, 상조회, 염쟁이, 장의차, 택배기사, 화장터, 납골당, 석물공장, 포크레인기사'

슬플 때 웃는 사람도 있지만
누군가 죽어야만 환해지는
가없는 사람들

생존연습(生存練習)

사람들은 말 한다
고놈 떡잎부터 알아봤다고
흔히 잘된 사람에게 하는
칭찬의 말이다

어릴 때부터 싹수가 노래
못된 짓만 하는 사람에게
뉘 집의 몰골이냐고
비아냥댔다

잘된 놈, 못된 놈
그저 그런 놈
어디 내놔도 먹고 살 놈
나쁜 짓만 골라 하는 놈
고약한 심보를 가진 놈
심성이 착한 놈

이놈저놈 따져가며
감 놔라 배 놔라 따지는 놈치고
잘 되는 놈 못 봤다

어울렁더울렁
그렇게 살아가는 것

절구통

깊은 산골 마을에
밥물냄새 풍기는 부엌 앞에
아내와 금슬 좋게 방아 찧던
절구와 공이

추석에는 모시송편
설에는 길쭉길쭉한 가래
안방에는 찰떡 찰떡
사랑방에는 쑥덕쑥덕

키질하고 채로 선별하여
알곡은 알곡대로 겨는 겨대로
맛있다 맛없다 참견 안 해도
메주콩의 구수한 냄새
농담처럼 함께 늙어 가지만

고추방아 매운 맛은
어디론가 내빼고 싶었던
시집살이보다 더 맵다고
아내가 구시렁거린다

봄, 제비

제비꽃이 피어서
옹기종기 모여서
영산강은 신났다

밤하늘의 별자리
북두칠성 처녀별
전갈자리 게자리
견우직녀 사연을
가만가만 들으면
자주청색 꽃들이
노랑나비 흰나비
유혹하는 몸짓에
꼬리치는 봄날은
봄다워서 설랬다

생이 설레는 봄의 문턱에서
미풍에 흔들리며 수줍어하는 제비꽃
기꺼이 겁탈 당하는 처녀 같은 봄날이다

불갑사 가는 길

벚나무 길을 따라
구불구불 산길을 오르니
나이 많은 느티나무, 어르신 같이
어험 하시는 것 같기도 하고
웅장한 일주문 어서 오라고, 삶에 지친
중생을 반기시는 것 같기도 하고

날마다 도랑에 목욕하는 바위는
미끈미끈 사랑받는 것 같기도 해서
한가로운 피라미까지 모여 드시는데

천왕문 들어서며 산행하는 사람들
불공드리려 오가는 불자들
소리 내는 법을 일러주셨는지
천년의 경전을 염불하며
관세음보살나무아미타불
합장하며 걸어가시네

불갑사

범종소리 듣겠다고 골짜기에 들어
고해성사하듯 얼굴부터 쑥, 내미는
붉은 상사화의 극락이다

풍경소리 바람의 등을 타고
산신각 오르는 푸른 生으로의 집착

구부정한 자세로 산문(山門)에
백일기도 하는 백일홍이나 시절 인연
잇겠다고 눈물 훔치며 삼천 배하는 번뇌나
뚜벅이 경전을 쓰겠다고 만행(萬行)에
나서는 스님이나

바람의 적요에 너무 이른 낙화
백팔번뇌의 상처를 지우느라
갇히거나 해탈하거나

울리는 범종만큼 숨이
가빴을 것이다

불갑산 호랑이

호랑이 담배 피우던 시절
연실 봉 이끼 낀 바위에
더는, 해산할 수 없는 호랑이 한 마리
지금도 살고 있다

노루목 장군봉 투구봉을 해성처럼 오르내리며
해불암 오솔길을 지나 동백골에 살았던
산중의 왕 호랑이 폭포가
아직 턱, 버티고 있다

사냥꾼 총에 영역을 잃고
논 오십 마지기에 가죽을 벗고 팔려간
불갑산 호랑이

조선에 마지막까지 남아
두려움의 존재로 군림하던 동물의 왕

뼈대 있는 집

대대로 시조는 윗대다

대 뿌리는 영혼처럼 얽히고설켜
큰집은 큰 대요 허릿심이 좋은
시누 대는 시집이다

부드럽고 연한 살 같은 분죽
가죽나무라고 하는 참죽
오죽했으면 검은 대죽을
오죽이라고 했을까

뼈대는 대나무지만
텅 빈 나는 아프다
속 빈 나는 더 아프다

사랑의 매

화장실 뒤쪽으로
연기가 피어오르던 흔적(痕迹)
꿈들이 난무(亂舞)한다

쑥을 말아 뽀금뽀금 피웠고
착실한 재호가 선생님께 고자질했다
우리는 종아리에 피멍이 양각(陽刻) 되었고
주동자 춘식이 자리는 오래 비어있었다

그 뒤, 오십 년만의 봄날
백수 해안도로 언덕의 민박집에서
머리에 색 입히고
뱃살 붙이고 빛깔은 빛깔대로
모습은 그냥 인연인 채로
선생님과 함께 늙어가고 있었다

선생님! 사랑합니다
춘식아, 나도 너를 사랑한다
너희 모두를 사랑한다
백수 해안으로 밀려드는 파도가
찰싹찰싹 바위를 때릴 때
피멍 든 꽃을 피워냈다

된장찌개

뚝배기 그릇에 맹물을 끓이면
펄펄펄펄

장독에 푹 떠온 된장을 풀면
구수한 냄새가 보글보글

산밭에서 갓 따온 애호박을
큼지막하게 썰어 넣으면 뽀글뽀글

맷돌로 갈아 만든 두부를
툼벙 담그면 자글자글

지금부터가 기막힌 변수다
파 마늘, 고추를 덜 매운 순서대로
연주하듯 삽입한다

절정의 순간 화기가 넘쳐 부글부글
보글보글 뽀글뽀글 자글자글
하모니가 조화롭게 어우러지는
뚝배기 속의 오케스트라

말투

-왜요?
-그런데요?
-그래서요?

빈정대는 말투가 가끔
엇나가는 말이 되기도 한다

같은 말도 고저장단에 따라
사나워지기도 순해지기도 하지만
나의 말투가 가끔 공격적이므로
누군가는 방어자세로 바로
긴장하기도 하는데

시는 운율과 리듬을 타야 詩답고
노래는 박자를 잘 맞춰야 노래다울 것이고
리듬과 스텝을 잘 타야 우아할 춤일 텐데

-아하! 그렇군요
-아! 그러세요

말하는 법이 한참 서투른 내가
말을 아끼는 이유다

－그래서요?
내 말투가 부드럽게 길들지 않아서
－하여간 그래서 그런다지만

논리적으로 말 잘하는 사람보다
순하게 말하는 사람이 더 좋다는 것은

－길들여지지 않은 나도 다 안다

섬진강 조개

주당의 속 달래주던 해장국
부산아지매의 거침없는 묘약이
새벽을 가로질러 온다

재첩국 사이소 재첩국
사~이~소 낙동강 재첩국
갈미조개 왔어요

골목 어귀마다 중심을 세우고
우렁차게 퍼지는 소리에
밥을 짓고 아침을 깨우던

낙동강 모래에서
새벽을 이고 지고 와
충혈된 호수에서 술꾼을 깨워주고
말없이 가버리던 부산아지매

그때, 그 맛이 생각난다

쥐불놀이

 정월 보름날 벌레알 곤충 해충을 태우는 연기가 뚝딱뚝딱 또도톡 톡 불길이 검은 소리를 품고 논둑 지나 밭둑으로 스멀스멀 타들어 간다

 아이들은 대나무에 불을 붙여 앞서거니 뒤서거니 여기저기 불씨 놓으며 머리 타는 줄도 모르고 불꽃놀이에 깊이 빠져들어 간다

 밤이 되면 공터에 솔가지와 벼 짚단, 산처럼 쌓아 놓고 동네 사람 모여서 달 짚 태우며 소원을 빌고 불길이 하늘 높이 타오르면 불놀이와 농악놀이 정점에 치달아
 깡통에 구멍을 뚫은 아이들은 남의 울타리를 몰래 훔쳐와 불을 지펴 빙글빙글 돌리며 건넛마을 아이들과 하천을 사이에 두고 짚 무더기에 불을 놓고 만세 부르며 좋아하는 최고의 불놀이

 보름이 지나면 즐겁게 놀던 악기도, 한 해 농사 준비에 녹초가 될 농부의 몸과 마음을 달 짚에 담아 태우고 태우며 소원을 빌고 빌었다

임자 없는 집

   주인은 먼 곳으로 떠나고 안방에 걸린 사진, 거미에게 강간당한 채 그물처럼 걸려있다 적막이 빈방을 지키고 있고, 검게 그을린 벽 사이로 하늘이 잠깐씩 보이고, 군불 지피던 아궁이는 부서져 내리고, 먼지 쌓인 시렁에 쥐똥이 떨어진 씨앗처럼 널려 있고, 주홍글씨의 주술에 걸려든 가마솥만 안간힘으로 버티다 끝내 벌겋게 부식하여 무릎 꿇고 마는…

   마당에는 대나무가 우후죽순이 되었고, 장독대는 제멋대로 자란 풀이 겹겹이 쌓여 있고, 기억의 찌꺼기들은 어땠을까를 가늠하게도 하는 그런 사대부가 살던 대문 높은 대갓집의 비문(秘文)이나 마지막 유서같이 끝내 사라지고 마는…

4부

황금을 만드는 사람들

은행나무

발봉산 양지 언덕
천년을 하루같이 추억 팔고 계시는
우주의 어르신

고려와 조선시대가 흘러가고
긴긴 세월의 흐뭇한 기억, 아니
애닲은 사연을 원초적 본능으로
더, 많이 슬어놓고
침묵으로만 일관하시는

금빛으로 각인된 빛
등걸마다 알알이 매달려
넓은 도량으로 이천년을 넘보시는
우리의 어르신

세월을 두려워하지 않는다

산소

모악산 자락에는
소나무 참나무가 어우러져
토끼와 노루가 다니는 길을 따라가다 보면
타관을 오래 떠돌다 돌아온 나를 경계하듯
멍하니 흘러가는 마을이 있다

일 년에 한 번 가는 길
날개를 움찔거리는 새들이
양지바른 묘지에 떼 지어 날아와
끝끝내 기억한다는 외발로
궁리하듯 절을 한다

가시나무와 억새풀이 자리 잡고
꿩 부부가 다정히 놀고 있는 봉우리에
잡목과 함께한 생을 베고 자르니
바람이 되어 돌아가신 엄니아버지
영영 살아있는 할머니 할아버지
윗대 어르신 집까지 다 보인다

바람 잘 날 없는 산그늘에
못난 나무가 문중 지킨다고
기울어진 소나무가 지키고 있다

서울살이

　인왕산 바위 틈 푸른 소나무 사시사철 푸른 것이 도시 한복판에 멍 때리며 나와 더불어 고행하고 있었다는 일은 아무도 모르는 일이외다

　시내의 우뚝한 건물 바라보니 치켜든 자부심만 하늘로 솟구쳐 있고 자존심을 가득 실은 차는 죽을 듯 살 듯 나와 더불어 쉼 없이 달리는데 내 붉어진 눈을 누가 어이 알겠소

　집 있는 사람, 없는 사람, 전세와 월세 사는 사람, 강남과 강북으로 나눠진 고급주택 서민주택, 급수도 가지가지여서 아등바등 생존의 그늘로 끌려 나가는 일이 내 설움이었건 바람의 농간이었건 처자식 먹여 살리려 낯선 전쟁터로 출근하는 내 몸부림을 뉘라서 알겠소

갈대의 서투른 몸짓을 내 알 수 없듯이
세상 한복판에 던져진 나의 몸짓도
그때는 그랬소
정말 그랬소

설

혈맹을 맺은 혈통들
명절을 맞이해 본가에 모여들었다

동생과 제수씨 조카들
아들과 며느리 손자 손녀딸 사위 외손주
토방에 크고 작은 신발이 늘어져 있다

큰방에 상 차려 술 따르고
떡국 올리고 음복하고 나면
칡 뿌리 씹을까 씀바귀 씹을까
궁리한다

복 돈은 어른 순으로
세뱃돈은 나이순으로 덕담에
명절에는 꾹꾹 누르고 있어야 할
잔소리까지 덤으로

장가가라, 시집가라
노총각 노처녀 염장 지르는
늘 이것이 문제다

탁상정치

늦은 밤 읍내 주막집
무적의 술꾼 너덧이 꼬부라진 혀로
비릿한 정치를 비판하고 있다

양주 맥주 소주 막걸리
사람마다 먹는 술이 다르지만
취하게 만드는 것은 다 거기서 거기
정치하는 놈도 비판하는 놈도
앉은뱅이 탁상에서는 그놈이 그놈
제 잘난 멋에 지가 최고인 줄 아는데
믿을 놈 하나 없다

술잔에 여당 야당을 따른다
소맥으로 빙빙 돌린다
뉴스에 나오는 인물이 술잔 속에서
비장한 무기를 물고 걸어 나온다

청기와집 주인 씹으면서 한잔
여의도 나리 씹으면서 한잔
술기운이 오르자 거품 물고
이 당 저 당 싸잡아 마셔댄 술병이
데굴데굴 늘어 간다

폐타이어

전국누비며 오늘도 달린다

얼어붙은 산 넘고
폭우가 내려도 달려야 했다
비포장도로의 먼지 마시며
물웅덩이도 넘어야 했다

돌 자갈길 울퉁불퉁 튀어 넘어
찢겨도 공기압 불어넣고
진펄에 빠져 끌어내는 수치심도
모른 척, 외면하고 달려야 했다

구르다, 굴러다니다
쭈그러 들어 뼈대가 나오고
죽음조차 삼키며 더 이상
숨 쉴 수 없을 때까지

사명을 다하느라 예까지 굴러온
무적의 천덕꾸러기

황금을 만드는 사람들

순리를 따르는 농사 경영자는
계절의 순환을 다스리는 과학자

사시사철 이십사절기
하늘에서 내려준 물의 젖으로
봄에는 어기영차 씨 뿌리고
여름에는 땀방울 맺히도록 일구고
황금 옷 갈아입는 가을

고개 숙인 황금벌판에서
햇볕과 맞싸우는 농부를 보고
지체 높은 양반이 아들에게

"부모 잘 만나 고생하지 않고 잘 산다"고
개 풀 뜯어 먹는 말 같지 않는 말

우주의 지혜를 얻어 공부하는 농부
스스로 일궈낸 겨울이 따뜻해서
쌀뜨물로 귀를 씻고 밥도 먹고
그리고 이슬도 먹는다

거짓말

처녀가 시집 안 간다고 하고
연애하고 동거하는 처자 속이 환하다

늙으면 죽어야지 하면서
조금만 아파도 병원 수시로 다니며
반 백 년이 되어 가는 맑다 못해
투명하게 늙는 우리 할머니

자식에게 짐 될까 봐
119에 실려 응급실에 입원한
아파도 아픈데 하나 없다 하시는
우리 엄니의 뻔한 말

눈가에 고인 눈물 티 들어갔다고
축 처진 어깨로 애꿎은 하늘만
올려다보시던 우리 아버지
알고도 속아줬는데

좋은 자리 잡아 놓겠다고
서둘러 갔는데 명당 잡아놓고
우리 기다리고 계실까

어린 가장

   산으로 빙 둘려진 산속마을 산비둘기가 상처를 찔러대며 슬피 우는 곳이 우리 집이다 아버지는 구멍가게 뒷방에서 꾼들의 동양화 강사로 바쁘고 동생들 배불리 먹는 게 소원이던 시절 빈 솥을 닦으며 눈물 흘리시던 나의 어머니시여…

   친구들은 교복입고 학교 가고 나는 열차타고 서울로 출근하고 산비둘기 슬피 울 때 떠나온 그곳 뒷산에 아버지 어머니 여적 기다리고 계시는데 백발이 무성해 찾은 고향집의 뒷산 산비둘기 우는 것은 아직 여전한데, 부귀를 누리는 싶었던 이유였을까 아버지가 심어놓은 모란꽃은 마치 영화라도 누리는 것처럼 담장너머 옆으로 아래로 활짝 활짝 피어 있건만 어디에도 보이지 않는 나의 아버지시여…

팔열부(八烈婦)

임진년 파도가 거칠게 불던 칠산 바다
쪽배에 몸을 싣고 피난길에 오른 여인들

왜놈의 배가 총질 해대며 다가온다
배를 멈추라 고래고래 추격해온다

살기위해 투항하자는 여인
남편들은 섬나라로 끌려가 생사를
모르는 판에 치욕 당할 수는 없다며
가슴 토닥이며 바다에 몸을 던졌다

함평여인의 대쪽보다 깊은 절개가
갯바위에 새겨져 귀감이 되어
내려오는 칠산 바다

여덟 열부의 순절지인 묵방포
백수해안도로에는 팔열부정각이 있다

홍어

흑산도 바다에는
전국에서 제일 맛 나는
코끝 찡한 특산품이 있다

항아리에 두엄 묻혀 삭히고 삭혀
잔칫상에서 잘 먹어야만
대접 거하게 받았다고 한다

간을 먹으면
애간장이 녹고
코를 먹으면
맹맹한 코가 뻥뻥 뚫리고
만만한 게 홍어 좆이라며
막걸리와 어울려
분탕질하는 홍탁의 삼합

고것이 요즘 대세라지만
소문 없는 예부터
이미 대세였다

향하도

전망대가 한 뼘쯤 하늘높이 솟아있고
거친 파도 위 칠산 대교를 달리며 오가는 차들
푸른 바다에 고깃배 깃발이 일제히 펄럭인다

연락선 뱃고동이 물살을 가르며
내 뿜는 연기는 흰 연기를 달고
바다를 달린다

어판 장에는 살아있는 것들이 많아도 너무 많아
낙지 숭어 도다리 오징어 꽃게 전복 소라 장어 멍게
각양각색의 입맛이 프로그램대로 팔리고 있다

서울손님 광주손님
가족과 친구들 동창과 동호회
단체손님은 무조건 환영

전망대 꼭대기 올라와서 보니
칠산 바다의 섬과 육지가
활어처럼 싱싱하다

용천사

모악산이 품고 있는
그 절에는 부처님이 앉아 있고
왕 네 분이 대문을 지키고 있다

용이 하늘로 승천한 샘은
칠산 바다보다 깊이가 더 깊어
입에서 입으로 전해오며
이어지고 있다

대문을 지키는 왕 네 분은
용이 갖고 싶어서 이 절에 온 것이라고 하고
누구는 용을 찾고 싶어 이 절을 떠났다고 하는데
정작 아는 사람은 아무도 없다

스님은 대머리가 좋다
그래서 소문이 없다

알미논

밤이 길어 우는 가을의 길목을 지나
쑥부쟁이 억새꽃 핀 산길 지나면
추수를 앞둔 우리 알미논이 있다
바라만 봐도 배가 부르는…

밥 맛 좋기로 소문 나서
온누리에 퍼지는 황금누리 쌀

차지고 질퍽한 황토 논에
우렁이 미꾸라지가 주인인 알미논
비바람 다 이겨내고는 곡절도 없이
겸손하게 고개 숙인 벼

추수를 앞둔 알미 논에, 밤 깊어
찾아오는 손님들의 운동회가 열렸다
성질 급한 멧돼지 밤과 씨름을
어둠의 사마귀는 팔과 씨름 하고
메뚜기가 높이뛰기하자 논에서 툭
튀나온 개구리 저 멀리뛰기 한다

하늘봉창 두드리며 어슬렁어슬렁
아내와 앞서거니 뒤서거니

짝사랑

사랑하는 것은 자유지만
받아주지 않은 사랑은
상처로 깊어진다

사랑하는 사람이
사랑하지 않아 밀어내는 것도
그 사람의 자유인데

나는 미련했네

왜!
마음을 정리했을까
미움을 정리할 것을

스스로의 몰락이 아프다
상처받은 마음은 더 아프다

아기

울지 마라
어머니 몸에서
어수선하게 열 달을
자아알 지내다가

하늘과 땅이
한 몸인 이 세상에
커다란 신이 되어
태어났는데

첫울음은
신을…
무능한 신을…
위대한 불문율을…

평생
지나치게
섬기라는 경전이다

동인들

동인이란 말에
괄호의 기호를 떠올려본다

모든 관계는 괄호 안에 묶인다
만약 괄호( )가 밖으로) (열려 있다면
서로 등을 돌린 사이다

( )는 많은 것들을 품고 수용한다
( )는 많은 말을 하나로 묶는다
( )는 묶음으로, 묶음은 불문율이다

뚜껑이 열린 냄비 속에서 찌개가 끓고 있다
인격의 대명사인 말과 선정한 침을 섞어
또 다른 ( ) 안에 조심스레 떠 넣고 있다

회식에 묶인 동인들

쓰레기 통

남이 먹다 남은 것만
버려지는 것만 먹고사는 나는
구석진 곳에 처박혀 있다

침이 묻어 있는 담배꽁초
코를 푼 화장지도 가슴에 담고

화장실 뒤처리 휴지도 내가 받아주는데
쓰레기 쓰레기라고 그리 비유하지마라
엄연히 통이라는 이름 있는 몸인데
이 쓰레기 같은 놈들아

세월 지나도 변한 것은 없고
너희들이 버린 것들로
통이었던 내 몸조차 부서져
쓰레기가 되어간다

오죽

오죽했으면 오죽일까
언덕 울타리를 빙 두른 대나무
언제인지 모르게 자생하고 있지만
지금은 쓸모없어진 나무다
한때는 생선을 눕혀 말리고
장날, 뻥이요 거짓말이요 하던 바구니
하늘보고 누우라던
여름 한철 아주 극진한 대자리
세월을 낚던 낚싯대 모두
오죽을 삼킨 대나무였다
대를 다스리던 왕대
복을 나눠주는 복조리
시누이가 좋아하는 시누대
감나무와 마주하며 썩어가던
검은 대 오죽했으면
오죽일까?

돌연변이인가

작품해설

윤회의 맛, 여성성을 동반한 정서적 울림

이가을 시인

윤회의 맛, 여성성을 동반한 정서적 울림

이가을 (시인)

산비탈 하얗게 물들여놓은
연보랏빛은 아찔하다

흙 속에 토실한 것이
살그머니 만져지는 것이
꼭 내 각시 같은 것이
서러워할 일이 아닌 것이
꽃피고 지는 봄이다

누군가는 못난이를
감자 같다고 말하기도지만
분칠 안 해도 정분나는 첫사랑의
하얀 얼굴처럼 부드러운 속살

사정없이 으깨 깨물고 싶은

고것이 탱글탱글 잘 여물어
푸근푸근하다 못해
내 눈에 들어와 있는 것처럼
보슬보슬한 윤회의 맛

식탁 위에 올린다
- 「감자 한 알」 전문

윤회의 맛은 어떤 것인가.

시를 다 읽은 끝에서 질문, 궁금증이 하나 남았다. 윤회라니, 흙 속에서 뽀얗게 여물었을 감자 한 알과 무슨 상관일까. 하지만 시에서 읽는 감자를 그냥 하나의 사물, 대상적 감자로만 보는 시선은 시적 오류를 일으킬 수 있다. 감추어졌던 내면의 얼굴을 펼쳐 보이는 아우라를 잘 들여다보라

'연보라 빛이 아찔하게 꼭 내 각시 같은 (것) 그것은 서러워할 일이 아닌 (것) 꽃 피고 지는 (봄이다) 정분나는 첫사랑 (같고) 부드러운 속살이 사정없이 으깨 깨물고 (싶은) 곳곳이 탱글탱글 잘 여물어 내 눈에 들어와 있는 (것처럼) 푸근푸근 한 (것) 의 문장은 감자가 완전무결(?)한 존재임을 진술하고 있다. 그리고 식탁에 올리고 '윤회의 맛'이라고 자평한다. 전지적 시점의 제3자 내러티브는 무대(식탁)에 오른 감자의 모습 속 시인과, 시 작품과도 오버랩된다. 무대 위 감자는 도발적이고 설렘을 주고 만져보고 싶고 맛보고 싶은 궁금증을 유발한다. 궁금함을 유발하는 건 이 시의 절반의 성공이다.

흙을 벗은 감자 한 알이 마술처럼 눈으로 맛으로 즐겁게 하고 있다. 시의 손바닥에서 홀린 듯 연출 감독인 시인과 놀고

있다. 관객이자 독자는 무대 위의 시를, 시 속 감자를 재미나게 보는 것이다. 어느덧 윤회의 맛에 다다르고 식탁에 전시되어 시인의 깊은 내면의 자아를 숨김없이 보여주고 있다. 어쩌면 그간 드러내지 않았던 시인의 모습이 감자로 투영된다.

시인은 시로 말하고 싶은 게 많다
흙 속에 갇히기 아까워 얇은 껍질의 막을 벗고 나온 감자이기도 하다. 그리고 각시 같이 토실한 것을 내밀고 푸근푸근하고 보슬보슬하게 감자들 속에서 튀어나와 "내가 감자야. 알아? 한 입 깨물어 봐 정분나는 첫사랑의 속살을 보여줄 게"라고 말 걸어오는 것이다. 기존의 감자를 벗어난 다름을 또한 감자의 새로운 정체성 발견이라고 해두자. 탱글탱글 잘 여문 푸근푸근한 ㈜ 감자야 말로 경지에 닿은 완제품이고 시인에게 윤회의 맛처럼 다가왔다. "윤회의 맛볼래?" 식탁에서 윤기 흐르는 나신을 보여주며 감자는 도발하고 있다. 경쾌 발랄한 도발이다. 오- 정분나는 첫사랑의 부드러운 속살이라니 여성성을 건드려 도발하고 있다.

밭에서 오래 봐 온 그 감자가 아니다. 조신하게 흙속에 엉덩이를 파묻고 작은 흰 꽃을 얹어 얼굴 내밀던 감자가 아니다. 보슬보슬한 감자 한 알과 마치 어린 시절로 돌아간 듯 잘 놀았다. 시인은 감자의 조물주이자 크리에이티브 작가로서 무대에 감자를 올려놓고 감자가 아닌 감자의 수많은 얼굴을 창작하고 전시했다. 아무도 가 보지 않은 미술관을 다녀왔다. 감자가 묻힌 흙내가 흙 향기로 몸에 배였다.
좋은 날이다.

여름비에 불어난 논둑 발목이 찰방찰방한 데 빗물에 쓸려간 어미의 당부가 목에 걸렸는지 눈물 없이 개골개골 거리며 심금을 쥐어짜는 저 개구리

종일 잠만 자다 해가 질 녘 일어나 내 앞에 버티고 있는 맹꽁이, 별명이 맹꽁이라 부르던 옛날의 그런 친구도 있었는데 울퉁불퉁 얼룩덜룩 앉아 있는 것만으로도 공포인 비단개구리, 옆에 아까 그 청개구리가 맹꽁이를 바라보며 뒤늦게 어미의 유언을 기억하고 우는 저 개구리 보고 나도 보고 잡은 엄마가 있어 울컥울컥 눈물 나는 것이…

누구는 운다고 하고 누구는 노래한다고 하는데
내 마음 나도 잘 모르는데 개구리 속을 어찌 알겠는가
살아계실 때 잘해야 한다는 말을 일치감치 깨달았다면
개구리 속울음 내 알바 아니었을 텐데
　　　　　　　　　　　　　　－「개구리울음」 전문

봄·여름은 천지가 녹색이어서 좋다.

눈만 돌리면 나무들에 둘러싼 숲의 배경이 싱그럽고 힐링이 된다. 큰 선물 같은 계절이다. 흰 겨울을 견디고 지나온 우리에게 준 자비로운 신의 선물이라고 믿고 있다. 계엄 파동을 거치고 모처럼 환하게 웃었다. 더운 뙤약볕을 식히고 가는 빗물처럼 시원하다. 칼라가 눈부신 색깔들이 화분에서 꽃피고 약속이나 한 듯 바람이 불어온다. 눈을 쉬었다 가는 책의 문장처럼 나를 쉬게 하는 녹색의 푸르름, 그 싱그러움에 개구리

가 운다고 웃는다고 상상해 보라. 나무 무성한 푸른 잎 속에 숨어 매맴 덥다고 울어대듯 웃는 매미처럼 개구리가 어딘가 그늘에 몸을 감추고 웃는 게 보인다. 이 여름 오늘 울지 않으면 안 될 것처럼 자지러질 듯한 울음
 '누구는 운다고 하고 누구는 노래한다고' 하는데…

 '개구리 속 모르는' 시인이 청개구리 속울음을 귀를 대고 듣고 있다. 살아계실 때 더 잘하지 못한 엄니를 절절히 그리고 있다. 개구리- 맹꽁이- 시인(화자)는 샴쌍둥이처럼 하나이고 또 각각 다른 모습을 보여준다. 그 모습이 삼위일체. 개구리의 악 쓰는 울음은 제 나름의 어미가 죽은 여름철 엄니가 절절히 그리운 한으로 남아 노래한다. 논둑 발목이 찰방찰방한 그곳 어미의 당부가 목에 걸려 심금을 쥐여 짜 우는 개구리 옆 시인도 울컥울컥 목울음이 치솟는 것이다. 어머니 배속에서 나온 유전자들 늦게 후회에 우는 불효자들인 우리 모두의 모습을 반추하고 있다. 가까운 곳에 개구리가 맹꽁이가 많다. 밤이면 더 그립고 아프고 사무치는 이름. 엄니를 부르고 있다. 살아있을 때 잘해야 했다고, 다시 못 볼 이름이어서 더 그리운 이름 엄니여서 개구리는 숨어서 울고 있다. 개구리의 울음은 눈부신 녹색의 형벌이다.   마침내 형벌이 끝난 시인은 가을 속으로 들어간다.

껍데기의 후일담

　　주저앉고 싶은 신작로에 빨강 노랑 연보라의 흰 꽃이 마음 흔들리게 반가워 뒤돌아보니 십 리 밖에서도 꽃의 기척을 알고 부산스런 벌이 날아들고, 가끔 아름답다는 이유로 함평의 검은 나비와 잠자리가 시도 때도 없이 날아들어 순백의 손길이라며 여기저기 매만지

는 손버릇에 가을은 나무만 떨구는 게 아니라서 그만 명줄 놓아버리는 것이…

　물든 단풍 쉬쉬하며 꽃 소문 내지 말라며 지상에 없는 붉은 언어로 그리 당부했는데, 걸어가는 내 발목에 꽃이 흘깃거리며 내려앉는데, 꽃 소문내지 말라는 이유를 이제야 알 것 같기도 해서, 함평의 바람이 불지 않아도 꽃잎이 떨어지는 이것을 슬프다고 말할 수 있는 풍경은 아니라서 그만 아득해지는 발걸음 가을 속으로 걸어 들어가는 것이…
―「음표가 있는 낙화」전문

제목만으로 시 한편이었다.

그렇다 낙화하는 꽃잎은 음표고 노래이고 계절이고 바람이다. 상상만으로 설렘, 풍경이 아름답다. 허공을 찌를 듯 나뭇가지에서 떨어져 나와 (벚꽃이라 하자))꽃잎들 바람이 든 붓에 흩날리며 공중 여백에 음표를 휘갈긴다. 바닥에 착지하기까지 계절에 만든 노래 곳곳 풍경에서 벌어진 음표난장, 그리고 백만 개의 곡이 만들어졌다. 수많은 대중에게 울림을 주고 오래 기억에 남아 명곡이 되었다. 분분히 허공을 흩날리며 떨어지는 꽃잎은 음악예술가임에 틀림없다.

오랜 시를 쓰면서 봄이면 시를 더 많이 써왔는데 우연이 아니었다. 춥고 흰 겨울 움츠렸던 몸이 긴장을 풀고 이완되어 갇힌 언어가 방출되었다고 생각한다. 글쓰기는 모든 작가들의 호흡인데 춥고 흰 겨울엔 시가 굳고 억제 당했다. 꽃의 계절, 내면을 보이는 예술적 표현은 음악 한 분야의 전유물이 아니다. 모든 예술의 영감의 원천이며 정서적으로 환기하는 존재로서 늘 주변 가까이에 존재한다.

　시를 보자. 가을 속에 머문 시인은 신작로에 핀 꽃들의 향연에 반했다. 반한 꽃들과의 소통은 완벽하다. 서로가 서로에게 열린 상태이기 때문이다. 웃는 꽃에 침 뱉으랴, 꽃을 보고 웃는 순간 나도 꽃이 된다. 김춘수 시인은 '내가 그의 이름 불러주었을 때 그는 나에게로 와서 꽃이 되었다,고 했다.' 이름을 불러주기 전에는 하나의 몸짓에 지나지 않았던, 대상이 '우리들은 모두 무엇이 되고 싶은, 감춰진 내면과 맞닿아 이름을 부른 찰나 꽃이 되어 만나는 것이다.

　꽃의 찰나에 또 하나의 꽃이 되고 싶은 벌 나비들 잠자리가 여기저기 매만지자 가을은 명줄 놓아버렸다고, 반한 찰나에 꽃과 시인의 독백이 아찔하다. 시는 '물든 단풍 쉬쉬하며 꽃소문내지 말라며 꽃의 색 붉은 언어'로 당부해도 발목을 덮고 꽃이 흘깃거리며 내려앉았다고 한다. 분분히 날릴 꽃 소문이 부담되었을 이유을 알겠다. 그러함에도 시인은 '바람이 불지 않아도 꽃잎이 떨어지는 슬픈 거리'를 슬프다고 말할 풍경이 아니라고 발걸음 가을 속으로 내딛어 들어가 보는 것이다. 색 물든 가을꽃의 눈부신 비명이 귀에 들리는 듯하다. 모든 비명이 슬픈 게 아니다.
　찬란하게 눈부신 것들은 아름답다. 꽃의 전생을 건너온 운명이랄까.

　　　석성리 해변 풍파에 깎인 바위는 흉터를 지우느라
　　　온통 바람이 들었을 것이다 숲속 찻집의 향기는 몇몇
　　　소문으로 더 구수하고 피서객이 더위를 피해 다녀가는

아담한 정원의 서해 바다는 틈새마다 소나무가 괴이하
게 온통 푸른 숲으로 덮혀 있어 파도가 달려왔다 달려
나가는 밀당의 기술을 숨기기 위해 자주 숨이 가빴을
것이다

  아무도 넘어가는 해를 탓하지 않는 붉은 노을은 낮
도 아니고 밤도 아닌데 아슬아슬하게 흔들리기 쉬운
풍경을 어제보다 더 붉게 불사르며 제 멋 가득했던 파
도처럼 반사되어오는 붉은 흔적을 오늘이 이승의 마지
막인양 숨 숙이며 돌 머리에 새기고 있다
- 「돌머리」 전문

  이 시는 석성리 해변 풍파에 깎인 바람들은 바위에 관해 진술하고 있다. '찻집의 향기와 몇몇 소문으로 구수하고 바다를 정원으로 배경삼은' 바위는 마을의 지킴이처럼 입구 어디쯤 놓였을 것이다. 사람들의 시선을 받으며 '소나무가 괴이하게(?) 숲을 이룬 곳 파도가 발을 빼고 달려갔다가 돌아오는 밀당의 기술'을 마주하며 숨이 가빴다고, 시인은 말하고 있다. 바위는 진득하게 오래 나이를 먹었을 것이다. 가구를 이룬 마을에는 바위 보다 더 오래 살아온 사람은 없을 터, 늙은 바위는 또 늙은 바다가 말하지 않아도 속 읽어주고 고맙고 정들며 세월을 왔을 것이다.

  집집마다 경조사를 챙기며 숟가락을 세고 남루한 살림살이 쌀독 놓인 부엌을 쥐들이 일가를 이루며 드나드는 것을 보았을 것이고 몰래 집터를 지켜준답시고 습한 구석 똬리를 튼 구렁이에게 경을 쳤을지도 모르겠다. 오래 늙은 바위는 본 것도 많지만 침묵으로 세월을 살아왔다. 그게 자리를 지키는 거라는 걸 알았다. 그래서 해변가 마을의 터줏대감이었던 것. 파도처럼 해아래 불나도록 들고나지 않았어도 마을은 바위를 믿었고 존중해주었던 것. 얼마나 많은 사람들이 오가며 귀엣말을 하고 소문을 듣고도 바위는 쉬쉬했다. 소문이 만든 상처에 누군가 생채기를 입을 수도 있다는 걸 간과하지 않았던 것.

　바위는 자신보다 더 오래 산 것을 보지 못했다. 바위에 기대 쉬던 사람들 중에 아이가 아버지가 되고 할아버지가 되고 머리가 희고 등이 굽고 죽거나 아이가 태어났다. 바람도 그 바람이 아니었다. 발이 묶인 풍경도 감옥이었을 터 바람이 어깨를 쓰다듬을 때 안부 편지를 읽는 것처럼 반가웠겠다. 어느 날은 이승의 마지막인 것처럼 비장하였고 바람의 붓을 들어 뙤약볕에 탄 가슴에 시로 유서를 썼는지도 모르겠다.

　시인의 죽은 할아버지도 아버지도 돌 머리 바위의 풍파에 찌든 생애를 쓴 전언을 수도 없이 들었겠다. 할아버지의 아버지 아버지와 나를 지나 자식까지 돌머리가 남긴 기록을 본다는 건 돌머리 장엄한 바위의 생애였던 것. 돌머리의 백만 번쯤 썼다 지웠을 역사인 것. 그 페이지가 지구를 몇 바퀴쯤 돌아왔을 텐데 분명 장엄한 책임감이 있지 않았을까. 오래된 늙은 바위며 돌들은 하찮고 가벼운 것들은 없다. 그들은 나름의 생김이 있고 언어를 갖고 있다. 더러 우리가 알거나 모르는 언어들로 세상을 서까래기둥처럼 받쳐왔다. 독립 운동가를 보듯 때로 나무도 바위도 하물며 늙은 바람조차도 숭고하고 예사롭지 않다. 오래 대지에 이 세상에 평화롭게 살아온 것도 자연의 덕분이다.

주인은 먼 곳으로 떠나고 안방에 걸린 사진만 거미
　에게 강간당한 채 그물처럼 걸린 적요가 빈 방을 지키
　고 있고, 검게 그을린 벽사이로 하늘이 보이고, 군불
　지피던 아궁이는 부서져 내리고, 먼지 쌓인 시렁에 쥐
　똥이 널려 있고, 주홍글씨의 주술에 걸려든 가마솥만
　안간힘으로 버티다가 부식해 끝내 무릎 꿇고 마는…

　　마당에는 대나무가 우후죽순이 되었고, 장독대는
　제멋대로 자란 풀이 겹겹이 쌓여 있고, 추억의 찌꺼기
　들이 어땠을까를 가늠하게도 하는 그런 사대가 살던
　대문 높은 대갓집도 무너지고 마는…
　　　　　　　　　　　　　　　　　－「임자 없는 집」 전문

　폐허는 죽음의 동의어라고 생각한다.

　폐허에는 생기가 없다. 빈집에 남은 것들은 추억이거나 희미한 기억뿐이어서 집을 지탱하는 남루한 것들, 액자라든지 아궁이라는지 짝 없는 양말이나 장독대같은 것들이 어서 시간이 흘러 잊히기를 희망한다. 누군가 폐허를 삭제해주기를. 새로운 희망의 바다에서 누군가 만날 수 있기를 소망하는 것이다. 그러나 희망이 도달하기 전 죽음을 염탐하는 어둠의 그림자들이 저승사자처럼 폐허를 날름거린다. 폐허에 기생하는 존재이다.

　뭐라고 비난 할 수는 없다. 그들이 사는 방식이다. 자세히 돋보기을 끼고 들여다보면 빈집에 기생하는 것들이 많다. 죽음 한가운데의 생, 자세히 봐야 보이는 작은 것들은 이를 테면 벌레랄까 하는 그들에게는 드넓은 세계가 궁궐 같은 것이다. 적요함만 남은 부식된 세계, 풀이 겹겹이 쌓여있고 주술에 걸려든 가마솥 끝내 무릎 꿇고 마는 사대가 살던 대문 높은 대갓집이라고 하는데 엄한 불호령이 날아오를 듯한데, 대갓집 기세가 꺾였다. 시대가 바뀌었고 대갓집에 대감도 살지 않는다. 대감의 호령은 드라마에서나 볼뿐 오래 묵은 먼지가 바람에 실려 집 안팎을 드나들 뿐이다.

임자 없는 집은 빈집이고 주인도 없다. 아니다 잘 보면 허락받지 않은 침입자들 보인다. 거미들 잠자리들 바람과 햇빛도 안부를 확인하듯 다녀갔다. 고장 난 창문의 빈틈을 드나드는 먼지를 바람이 슬쩍 밀어낸다. 주택공사 중인 거미와 보일 듯 말 듯 작은 벌레들 누구인지 모르는 액자 속 사진, 쥐똥들 장독대에 널브러진 풀들도 있다. 어두워지면 죽은 자들이 스멀스멀 기어 나와 서성거릴 것이다. 폐허는 죽음과 산자의 공간이 되었다. 버릴 것만 남았다.

       정월 보름날 벌레 알 곤충해충을 태우는 연기가 뚝딱뚝딱 또도톡 톡 불길이 검은 소리를 품고 논둑 지나 밭둑으로 스멀스멀 타들어 간다

       아이들은 대나무에 불을 붙여 앞서거니 뒤서거니 여기저기 불씨 놓으며 머리 타는 줄도 모르고 불꽃놀이에 깊이 빠져들어 간다

       밤이 되면 공터에 솔가지와 벼 짚단, 산처럼 쌓아 놓고 동네 사람 모여서 달 짚 태우며 소원을 빌고 불길이 하늘 높이 타오르면 불놀이와 농악놀이 정점에 치달아 깡통에 구멍을 뚫은 아이들은 남의 울타리를 몰래 빼와 불을 지펴 빙글빙글 돌리며 건너 마을 아이들과 하천을 사이에 두고 짚 무더기에 불을 놓고 만세 부르며 좋아하는 최고의 불놀이었다

보름이 지나면 즐겁게 놀던 악기도, 한해 농사 준비에 녹초가 될 농부의 몸과 마음을 달 짚에 담아 태우고 태우며 소원을 빌고 빌었다
— 「쥐불놀이」 전문

시인의 시를 읽다 든 생각이다.

추억과 기억이 많다는 것, 오래된 앨범을 펼쳐보는 듯 사진처럼 선명했고 반갑기도 했다. 현장감 있는 감성과 추억들이 기시감이 든 게 추억의 곳곳 서사가 익숙하고 낯익었다. 가본 듯한 장소, 상황으로 데려다 주었다. 나 혼자만의 공감이 아니라고 생각했다. 추억의 여행에 세월의 강을 건너 멀리 온 수많은 독자를 끌고 갈 것이라 믿어졌다. 분명 추억의 박물관을 갔다 온 듯도 하고 꿈을 꾼 듯도 같고 나이도 젊어진 듯하다. 언젠가 본 적이 있는 기사가 생각났다. 오래된 옛날 추억의 장소에 가서 그 시대 음악을 듣고 놀이문화를 하고 옷을 바꿔 입으면 실제로 몸과 마음이 젊어진다는 것이다. 일종의 '폴라시보' 효과라고 했던 것 같은데, 나의 경험으로만 봐도 동의한다. 옛날 음악을 듣는 것만으로 옛 친구와 옛날이야기를 하는 것만으로도 마음이 충분히 젊게 느껴진다.

시 '쥐불놀이'를 읽고 있으면 실제현장에 있는 것처럼 정월 보름날 밤의 사실감 있는 묘사가 정겹고 따스하다. 진솔하게 사실감 있게 읽혀지는 시인의 시들은 난해하지 않고 꾸미지 않아 편하게 읽도록 유도한다. 시가 긴장된 세포들을 와해시킨다고 할까. 복잡한 머릿속 뉴런이 차분히 정리되는 느낌이다. 시를 읽는 것도 노동이라고 생각 한 적이 있다. 시 읽기 시 쓰기가 공부해야할 만큼 어려웠다. 시가 곁을 내주지 않았

고 다가오지 않았다. 시 쓰는 것에 대하여 오래 고민이 깊었고 시 쓰기에 자유롭지 못했다.

  시인의 시는 갇히지 않은 자유로움이 있다.
  전반적인 시의 표현이 고개를 끄덕이는 공감을 불러 모은다. 멋 부릴 법도 한 시적 언어를 형상화라든지 상징성이나 사유 뒤에 감추고 압축하는 대신 직설적으로 보여주고 드러내서 리얼리즘 시의 큰길을 내고 있다. 시인의 시적 자유로움이 부럽다.
  시로 돌아가 보자. 어릴 때 쥐불놀이를 한 적이 있다. 시골 마을은 으레 보름날이면 쥐불놀이를 했다. 달집을 태우며 소원을 빌고 공중에 원을 그리던 불놀이는 신기하고 재밌는 놀이었다. 건강을 기원하는 의미도 있어 젊은 엄마는 어린 우리 남매들을 불러 불놀이를 시켰다. 지금 청소년들은 아마도 잘 모를 일이지만 추억은 삶의 재산이다. 좋은 기억은 성장하는데 긍정적 영향을 미친다고 믿고 있다. 시인의 시를 읽으며 아름다운 것을 봤고 2차 경험이었다. 모든 것이 희미한 나이에 감사한 일이다. 돈 주고도 못 살 추억여행을 다녀왔다.

        조구새끼 가득한 영광에 가면
        쪼그려 앉은 가게가 즐비하고
        비릿한 시장이 울컥울컥 시장다워서
        닭오리 파는 할머니
        생선장사 채소장사
        떡집에는 김이 모락모락
        미장원은 가위가 춤추고
        빵집은 구수한 냄새가 스며들고
        젓갈가게서는 바다가 철썩이고

금은방 꽃가게 천원마트
살코기 도륙하는 정육점
사장님의 칼놀림은 예술이고
돈 들고 청계천 나가면
미국대통령도 만들어준다는데
영광시장은 사람 빼고 다 판다
대창 막창 순대 퍼주는 국밥 집에
지친 나를 가만가만 데리고 들어가
말은 국밥에 탁주 한 잔 들이키면
북적댔던 어둠이 어둠답지 않아서
흥건히 차오르는 취기에
항상 아쉬움이 남는

- 「영광시장 국밥」 전문

시를 읽는 순간 나는 타임슬립 드라마처럼 쇼핑가방을 들고 시장 한 가운데에 서 있다. 물건을 팔고 사는 생생한 거래의 삶의 현장, 시장골목의 생기가 온 몸에 전해져오는 게 느껴진다. 물건을 보려는 수많은 사람들과 상인들 사이 어디선가 맛있는 냄새가 바람결에 흘러온다. 저녁 반찬을 준비하러 온 주부 앞에 놓인 음식재료들은 신선함을 내세워 호객하고 있다. 가족을 위해 시장에 온 엄마이자 아내가 눈으로 마음으로 바빠지는 시간이다. 음식을 준비하는 건 맛있는 음식을 먹는 성취감을 주는 일이다. 성취감이 주는 그 설렘은 하루의 피로도 풀어준다.

우리 삶 속에서 의식주 중 가장 중요한 게 '식' 먹을 식 밥 식(食) 먹는 즐거움이라고 믿고 있다. 신선한 재료를 보고 사고 가방 가득 채워 집으로 돌아오는 길은 먹지 않아도 배부른 것이다. 곳곳 작은 식당들이 손님을 끄는 호객을 하고 시장 길을 걷다가 냄새에 끌려 식당을 들어서고 맛있는 것을 먹는 기대감 입맛을 다시며 '대창 막창 순대 집 국밥에 탁주도 들이 키는 것이다. 인생이 특별한 뭐가 있을리 없다. 나이 들면 친구와 국밥 한 그릇에 술 한 잔도 소확행이다. 소소하지만 확실한 행복이라는 신조어다. 오늘 하루도 잘 지냈음을 감사히 여기며 또 내일을 술 한 잔으로 충전하는 것이다. 나이가 들음직한 중년의 여자는 채소를 한참 들여다본다. 신선한 채소를 고르는 듯 말이다.

"약간 숨이 죽은 거 같아요."
"아, 물에 담그면 바로 살아납니다. 애들도 더워서요. 다 아침에 온 물건이에요" 음식을 준비하면서 가족들이 맛있게 요리를 먹는 상상은 주부인 아내 혹은 엄마로서 성취감을 준다. 하루 고된 노동의 현장에서 돌아온 가족에게 저녁식사는 위로와 격려의 밥상이다. 그리고 직장에서 돌아와 집은 '쉬다' 노독을 내려놓는 쉼의 공간이고 식탁은 긴장을 풀고 마음을 여는 대화의 자리다. 하루를 열고 하루를 닫는 시작과 끝의 문이다. 시인은 영광시장의 골목을 잘 묘사하고 있다.

첫 문장에 '조구새끼 가득한 영광(에 가면) 비릿한 시장이 울컥울컥 시장다워서'의 풍경이미지가 사진처럼 눈앞에 펼쳐진다. 바다가 철썩이고 사람 빼고 다 판다는 영광시장에 가고 싶다. 천원마트부터 모든 걸 파는 시장골목의 왁자지껄함이 눈에 선하다. '지친 나를 데리고 국밥집에 천원마트에 가 보고 싶다' 이미 어디선가에 있고 어느 식당에서 나는 국밥을 먹고 있다. 상상만으로 시장골목을 들어섰다. 양도 푸짐한 김 모락모락 나는 시장국밥. 춥고 배고플 때 한 그릇 뚝딱 먹으니 세상에 더 바랄 게 없다. 순간 모든 걸 가진 사람이 되었다. 국밥 한 그릇에 마음이 배부르면 '북적댔던 어둠이 어둠답지 않아서'라고 시인은 말했다. 어둠조차 친근하고 환하게 오는 것이다.

> 빙 둘려진 산속 마을 산비둘기가 상처를 찔러대며 슬피 우는 곳이 우리 집이다. 아버지는 구멍가게 뒷방에서 꾼들의 동양화 강사로 바쁘고 동생들 배불리게 먹는 게 소원이던 시절 솥을 닦으며 눈물 흘리시던 나의 어머니여
>
> 친구들은 교복 입고 학교 가고 나는 열차타고 서울로 출근하고 산비둘기 슬피 울 때 떠나온 그곳 아버지 어머니 계시는데 백발이 무성해 찾은 고향집은 뒷산 산비둘기 우는 것도 여전한데 부귀영화 꽃피우는 것이 이유였을까 아버지가 심어 놓은 모란꽃이 마치 영화라도 누리는 것처럼 담장너머 옆으로 아래로 번져 활짝 피어있는 나의 아버지시여
>
> ―「어린 가장」전문

베이비부머 전후 세대는 어린 시절 가난했고 낙후된 환경에서 자랐다. 학교도 못간 어린 가장이 집집마다 있었다. 대부분 어린 소년들은 학교를 못 갔고 공장에 가거나 옛말로 여자, 어린 소녀들은 식모살이 지금말로 베이비시터나 가사도우미로 갔다. 가난한 집의 줄줄이 사탕처럼 매달린 자식을 먹이기 위해 어머니는 악착을 떨고 닥치는 대로 일을 했다. 아버지는 시인의 말대로 뒷방에서 담배 연기를 뿜으며 동양화(화투)에 몰두했다. 도박에 술에 여자 바람에 대부분의 아버지는 그 시절 세월이나 낚는 한량이었다고나 할까. 그 와중에 아들은 공부를 시켜야했고 희생양은 큰딸 혹은 작은딸이었다. '배

불리게 먹는 게 소원이던 시절' 솥을 닦으며 눈물 흘리던 어머니가 있었다.

　세월이 앞 개울물처럼 흐르고 먹고 살만해지니 그 어머니는 늙었다. 자식의 효도를 바랄 새 없이 세상을 떠났거나 힘겹게 살아갈 것이다. 양육하고 살림 경제를 책임진 가난한 그 어머니의 정성과 눈물을 먹고 자라난 아이들. 그 부모의 나이에 머물러 제 부모가 선 길 위에 서서 자신의 아이를 보고 있다. 내리사랑이라 했던가. 어머니와 아들은 서로 바라보는 방향이 다르다. 마주 바라보던 따스한 시선이 언제였던가, 아득한 일이다.
　베이비부머 세대 아이들이 잘 자랐다. 배고팠지만, 성실했고 가난에서 벗어나려는 꿈을 이뤘다. 산비둘기처럼 울었고 산비둘기가 울던 동네에 살았던 시절은 옛이야기다. 그러나 기억은 잊히지 않고 노년의 시간에서 저만치 어린 나를 마주한다. 집안일을 하며 동생을 돌보거나 힘에 겹도록 논밭에서 일하거나 그 힘겨운 많은 날을 어디에 토해낼 것인가. 모든 것을 일기처럼 끄적이며 답답한 말을 뱉어내도 시는 받아줘서 좋은 것이다. 그래서 이렇게 또 시가 되고 누군가는 노래하는 것이다.
　잘 살고 싶은 꿈이 있고 그것은 간절한 희망이었다. 산비둘기처럼 울던 날이 얼마나 많았는지 그러나 우는 것도 사치였고 울 곳도 마땅치 않았다. 뒤꼍에 숨거나 부엌문을 닫고 아궁이 앞에서 눈시울을 삼켰을 우리들의 부모님, 시골 동네에 가끔 개천에 용 나듯 누군가 출세 길을 갔고 현수막이 동네입구에 펄럭이기도 했다.

시인의 시 '어린 가장'은 담담하고 쓸쓸하게 그 시절을 산비둘기처럼 읊조리고 있다. 다시 안 올 시간, 다시 가고 싶지 않은 시절 가난도 그리운 추억이라고 혹자는 말한다. 그러나 다른 혹자에게 어쩌면 그립지 않은 시절이기도 하다. 흑백영화 스크린처럼 펼쳐진 어린 가장의 서사가 눈물겹다. 산비둘기는 시인인 어린 가장을 대신해 울어 주고 있다. 비둘기는 시골 가난한 어린 가장의 초상화처럼 반추되고 있다. 세월은 어쩌면 이렇게 빠른지, 모든 것이 많은 것이 변했다.

공원 곳곳에 먹을 것을 찾는 구박둥이 비둘기들이 울며 서성이고 있다. 비둘기도 살아야하는데 주변에선 먹이를 주지 말라니 미안한 일이다. 우리도 한때 저 비둘기처럼 배고프고 음식이 간절한 때가 있었다. 멀고 먼 기억이라도 지나온 길 생의 한때였다. 잊히지 않는 기억들 '어린 가장' 시가 그것을 일깨워 주었다.

> 흑산도 바다에는
> 전국에서 제일 많이 나는
> 코끝 찡긋하는 특산품이 있다
>
> 항아리에 두엄 묻혀 삭히고 삭혀
> 잔칫상에 내놓고 잘 먹어야
> 대접 거하게 받았다고 한다
>
> 간을 먹으면
> 애간장이 녹고
> 코를 먹으면
> 맹맹한 코가 뻥뻥 뚫리고
> 만만한 게 홍어 좆이라며
> 막걸리와 어울리며

분탕질하는 홍탁의 삼합
그게 요즘 대세라지만
예부터 소문 없이도
이미 대세였다

- 「홍어」 전문

 언젠가 흑산도에 간 적이 있다.
 여러 지인들과 얼떨결에 갑자기 간 곳이었지만. 배를 타고 들어선 섬마을에서 시장구경을 하고 회를 먹고 별 내려앉은 밤바다를 보고 즐거운 1박을 했다. 바람과 바다 햇볕과 갈매기들과 충분히 소통했다. 바다와 산을 좋아했던 나는 그늘 한 점 없이 마음이 활짝 열린 시간을 보냈다. 누구라도 사랑할듯 했고 모든 것이 이해와 용서되었던 시간이었다. 그저 내 마음이 그랬다는 것이다. 그때 홍탁의 삼합(홍어에 돼지고기 수육과 김치를 곁들임)은 먹지 못했다. 예나 지금이나 호불호가 갈리는 음식이었다. 언젠가 시도를 했지만 실패했다. 홍어가 나를 거부했을지도 모르겠다.
 주로 나이 지긋한 남자들이 잘 먹는 안주라는 걸 알고 있다. 몇 번쯤 먹어보면 그 맛에 매력에 풍덩 빠진다는데 중독성이 강하다는데 나는 아직 맛에 도달하지 못했다. 흑산도에서 잔칫상에 내놓는다는 막걸리에 곁들여 먹는 홍탁 삼합을 식당 메뉴판이나 인터넷에서나 보았을 뿐 아쉽게도 홍어를 먹을 일이 없었다고 할까. 잠깐 맛 본 삭힌 홍어를 입에 쓰고 역하게 느껴 못 삼키고 뱉었던 기억이 있다. 한 번도 맛보지 않은 독특한 맛이었다. 친해질 수 있는 맛이라고 생각하지 않았다. 어쩌면 홍어의 맛은 우리네 인생과 닮았다고 생각한다.
 인생이란 쓰고 때로는 역한 일을 마주하고 홀린 듯 무언가에 중독돼 살아가지 않는가. 다음에 기회가 주어진다면 홍어 삼합의 숨은 맛, 중독성을 찾아내리라. 누군가는 멈출 수 없는 맛이라는데 이만큼 살아온 인생의 언덕길에서 내려다보며 내 삶의 어디쯤 탁 쏘는 홍어 맛을 냈던가하는 궁금증이 있기도 하다.

다시올 시선 066

껍데기의 후일담

초판인쇄 2025년 9월 15일
초판발행 2025년 9월 20일

출판등록 | 제310-2007-00028

지은이 | 이운상
발행인 | 김영은
펴낸곳 | 다시올

주 소 | 서울 노원구 광운로 32, B01호
전 화 | 031-836-5941
팩 스 | 031-855-5941
메 일 | maxim3515@naver.com

ⓒ 이운상, 2025

ISBN 979-11-91702-24-8 03810

정가 12,000원

* 파본은 본사나 구입하신 서점에서 교환해 드립니다.